Zhongguo Wenhua
Zhishi Duben

中国文化知识读本

东林书院

主编 金开诚

编著 文银花

吉林出版集团有限责任公司

吉林文史出版社

图书在版编目（CIP）数据

东林书院 / 文银花编著 .—长春：吉林出版集团
有限责任公司：吉林文史出版社，2009.12（2022.1 重印）
（中国文化知识读本）
ISBN 978-7-5463-2003-8

Ⅰ.①东… Ⅱ.①文… Ⅲ.①书院－简介－无锡市
Ⅳ.① G649.299.533

中国版本图书馆 CIP 数据核字（2009）第 237216 号

东林书院

DONGLIN SHUYUAN

主编/ 金开诚　编著/文银花

责任编辑/曹恒　崔博华 责任校对/王凤翔

装帧设计/曹恒　摄影/金诚　图片整理/董昕瑜

出版发行/吉林文史出版社　吉林出版集团有限责任公司

地址/长春市人民大街4646号　邮编/130021

电话/0431-85618717　传真/0431-85618721

印刷/三河市金兆印刷装订有限公司

版次/2009 年 12 月第 1 版　2022 年 1 月第 3 次印刷

开本/650mm×960mm　1/16

印张/8　字数/30千

书号/ISBN 978-7-5463-2003-8

定价/34.80元

关于《中国文化知识读本》

　　文化是一种社会现象，是人类物质文明和精神文明有机融合的产物；同时又是一种历史现象，是社会的历史沉积。当今世界，随着经济全球化进程的加快，人们也越来越重视本民族的文化。我们只有加强对本民族文化的继承和创新，才能更好地弘扬民族精神，增强民族凝聚力。历史经验告诉我们，任何一个民族要想屹立于世界民族之林，必须具有自尊、自信、自强的民族意识。文化是维系一个民族生存和发展的强大动力。一个民族的存在依赖文化，文化的解体就是一个民族的消亡。

　　随着我国综合国力的日益强大，广大民众对重塑民族自尊心和自豪感的愿望日益迫切。作为民族大家庭中的一员，将源远流长、博大精深的中国文化继承并传播给广大群众，特别是青年一代，是我们出版人义不容辞的责任。

　　《中国文化知识读本》是由吉林出版集团有限责任公司和吉林文史出版社组织国内知名专家学者编写的一套旨在传播中华五千年优秀传统文化，提高全民文化修养的大型知识读本。该书在深入挖掘和整理中华优秀传统文化成果的同时，结合社会发展，注入了时代精神。书中优美生动的文字、简明通俗的语言、图文并茂的形式，把中国文化中的物态文化、制度文化、行为文化、精神文化等知识要点全面展示给读者。点点滴滴的文化知识仿佛繁星，组成了灿烂辉煌的中国文化的天穹。

　　希望本书能为弘扬中华五千年优秀传统文化、增强各民族团结、构建社会主义和谐社会尽一份绵薄之力，也坚信我们的中华民族一定能够早日实现伟大复兴！

目录

一 东林书院的创建与发展

东林书院是我国古代著名书院之一

（一）东林书院的创建

东林书院是我国古代著名书院之一，它创建于北宋政和元年（1111年）。东林书院的创建者是当时理学名家杨时（1053—1135年）。杨时字中立，号龟山，曾受学于理学大家程颐。杨时在此讲学达十八年之久，东林书院也称"龟山书院"。

杨时创建东林书院是为了讲学，既可以学到理学的真谛，又可以讲解自己的学术思想和主张。由于他曾经做过一些地方官的职务，又有经邦济世的体验，既为学又为官，因此讲学深透，真正达到了传道、授业、解惑的目的，特别受到弟子的欢迎。后来听讲的人越来越多，于是他就创建了东林书院。

关于"东林"的由来，有两种说法。一种说法是"东林"为无锡城东一处地名，书院因地而得名。但至今查无证据，并且与史无证，不足为凭。另一种说法是与杨时对江西庐山东林寺情有独钟有直接的关系。东林寺在江西庐山西麓，位于原西林寺以东，故称东林寺。杨时先生非常喜爱庐山之胜，并在东林寺作《东林道上闲步》诗一首：

寂寞莲塘七百秋，溪云庭月两悠悠。

如今的东林书院已经成为国家重点文物保护单位

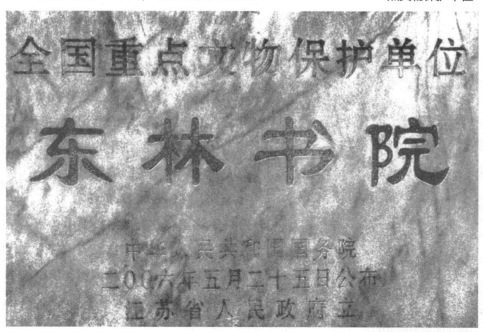

东林书院依庸堂

我来欲问林间道，万叠松声自唱酬。
东林书院也因杨时的《东林道上闲步》而
得名。明代东林书院修复后，每年的讲会
中歌颂仪式的时候，就以第一首诗词的内
容作为众人齐声歌唱的歌词，实际上此诗
是明代东林书院讲学的"院歌"。可见这
首诗对东林书院影响非常大。

（二）东林书院的发展历程

东林书院在其发展历程中曾留下了宝
贵的知识财富，丰富了中国传统文化宝库。
顾宪成撰写的"风声雨声读书声声声入耳，
家事国事天下事事事关心"可谓是家喻户

杨时故里立雪亭

晓的千古名联，曾激励过我国千百万的知识分子，对中国传统文化思想发展有极大的促进作用。说到东林书院就有"天下言书院者，首东林"之赞誉。可以看出，东林书院是江南地区人文荟萃之地和议论国事的主要舆论中心，也是宋代理学南传的重要阵地和江南地区学术活动中心。东林书院在发展的过程中，因有诸多学者参与曾名扬天下，也因东林党人在朝廷与他党斗争，曾几度被毁。由于东林党人的不懈努力和朝廷一些势力的支持被修复。

　　杨时在东林书院讲学达十八年之久，书

院成为理学思想传播上一座重要的桥梁，而杨时正是这座桥梁的建造者。杨时在河南学成南归故里将乐（今福建将乐）时，程颢对他这位优秀的学生说过一句夸赞的话："吾道南矣！"意思是说他所创立的理学将要被杨时传到我国南方了。

杨时走后四百余年，东林书院被荒废，在寂寞中度过了漫长的岁月。直到明代万历三十二年（1604年），经过顾宪成和吴地学者的共同努力，官府终于批准在无锡城东门内的东林书院遗址重新修复东林书院。重建工程开始于当年4月11日，到9月9日竣工。顾宪成亲自为书院讲会审订

刚修复的东林书院牌坊

东林书院

宗旨和具体会约仪式。同年10月，"东林八君子"即顾宪成、顾允成、高攀龙、安希范、刘元珍、钱一本、薛敷教、叶茂才在此聚众讲学，他们倡导"读书、讲学、爱国"的精神，引起全国学者的普遍响应，在国内非常著名。早年顾宪成撰写的"风声雨声读书声声声入耳，家事国事天下事事事关心"这副名联表现出了东林学者一种阔大的胸襟和浩然的气魄，对"风雨""家国"的"入耳"和"关心"。顾宪成本人可能也没想到这副名联竟然成了千百年来像他一样的中国书生

东林书院一角

群体人格精神的怆然象征。而这副名联也道出了东林书院讲学活动中指陈时弊、谈论国事的鲜明政治色彩。所以，东林学者遭到了当朝权贵们的忌恨，他们把与东林讲学活动有联系的人统统视为异端，加以打击迫害。

天启四年（1624 年），东林党人决心与阉党公开较量。左副都御史杨涟首先发难，他列数阉党魏忠贤二十四条大罪，讨伐魏忠贤并要求铲除阉党。但阴险毒辣的魏忠贤并没有被击倒，他利用手中权力，马上部署对策，开始对东林党人血腥镇压。

东林书院一角

东林书院园内景色

东林书院的创建与发展

东林书院门前雕刻

东林精舍

东林书院

阉党先是用尽一切手段，迫使元老大臣叶向高引退；接着又抛出一批黑名单，通辑、逮捕一大批东林党人，阉党还下令，把天下书院全部拆毁，讲会全部废除。东林书院也未能逃过这次劫难。天启五年（1625年）八月，阉党派人来毁书院，因高攀龙的维护，仅拆除了依庸堂。但讲会却遭到禁止，书院成了荒芜的废院。

天启六年（1626年）二月，阉党再兴冤狱，派缇骑逮捕周起元、高攀龙、周顺昌等七人。高攀龙闻讯后，于3月16日晚留下遗书，换上朝服，从容自沉。同年五月，东林书院再次被毁。

天启七年（1627年）八月，崇祯登基，他长期身受阉党冷落，所以将魏忠贤罢斥。崇祯初年，钦定阉党逆案，总计处理的阉党达四百六十余人。东林党人则予以平反，对被害惨死的给予特别礼遇，顾宪成、高攀龙、杨涟、周顺昌、邹元标等去世诸臣均加赠官爵。遭到削夺的一批东林官员重新起用，安排到政府的各衙门。

崇祯年间（1628—1644年），无锡吴桂森捐银重建东林书院丽泽堂。清顺治十二年

直到崇祯皇帝登基，东林党人才获得平反

东林书院

（1655年），高攀龙侄子高世泰又重建燕居堂、再得草庐、三公祠等。康熙八年（1669年），高世泰又修道南祠。后来经过康熙、雍正年间的几次修复及乾隆年间的全面整修，东林书院开始恢复原貌。雍正末年（1735年），东林书院由学者讲会的书院改为地方学官督察的课士式书院。光绪二十八年（1902年），书院改成高等小学堂，施行新学。

1946年10月，无锡士绅又发起重修东林书院，次年建成，并开办东林小学，一直办到现在。十年动乱期间，东林书院中部分文物被毁。1981年10月，无锡市政府拨款

实学、实用、实益都是实实
在在的教诲

全面整修，到 1982 年 10 月竣工。现在东
林书院的主要建筑，基本上保持了明清时
代古朴庄重的规制格式。

二 东林书院的风貌

东林书院旧址

（一）东林书院旧址

东林书院旧址在无锡市东门苏家弄内，为明代东林党人讲学和议论朝政活动的中心。原书院规模较大，书院前有"东林书院旧址"石牌坊一座，现存建筑有东林精舍、道南祠、东林报功祠、丽泽堂、依庸堂、燕居庙、时雨斋、康熙碑亭等。书院保存的明清二十块碑刻，嵌置于堂内的两壁上。

现在的东林书院遗迹是按照清代雍正时期旧制重建的。清代光绪二十八年（1902年），东林学院改为"东林学堂"。1947年，

无锡地方各界人士捐资对东林书院所存建筑进行了全面修复。其中翻造门庭三间，修理晚翠山房、依庸堂、再得草庐、时雨斋、南国杏坛、道南祠、三公祠及全院瓦屋等。1982年，无锡市人民政府对其主体建筑等又作了修复。现存有石牌坊、仪门、丽泽堂、依庸堂、碑亭、道南祠等。一副名联"风声雨声读书声声声入耳，家事国事天下事事事关心"悬挂在书院的依庸堂里。1994年再次修缮。现在展现在人们面前的书院旧址基本完好，所存的

东林书院的风貌

石牌坊、泮池、东林精舍、丽泽堂、依庸堂、燕居庙、三公祠、东西长廊、来复斋、道南祠、东林报功祠等主要建筑，均保持明清时期布局形制与历史风貌。

（二）东林书院建筑格局及内含

明代东林书院建筑布局采用左庙右学的形制，左边建有祭祀建筑，如南道祠等，右边为讲学建筑，另外还有藏书及生活用房等。整座书院石坊高耸、松柏苍翠、环境幽寂，是讲学的理想场所。穿过书院石坊，过小桥，入仪门，沿着笔直的甬道可依次游览丽泽堂、来复斋等小巧雅致的书院建筑。为此，2002 年，无锡市政府决定

东林书院内凉亭

东林书院

东林书院一角

经过重大整修后的书院于 2003 年 2 月，以崭新的面貌迎接着四方游客。虽然看起来现代新建的建筑占了比较大的比例，但建筑人员十分耐心地参考了历史文献上的记载来进行修复，力求原汁原味。修复后的东林书院建筑面积达八千平方米，是原来的四倍。书院整体建筑布局采用中国传统的中轴线对称，纵深多进的院落形式，同时兼顾书院的讲学、祭祀、藏书三大功能，分区明确、排列有序，这些主要建筑均显现出明清时期的布局形制与鼎盛时期的风貌特色。书院中轴线以书院正门、石牌坊、东林精舍、丽泽堂、依庸堂、燕居庙、三公祠等讲学建筑为主。东林书院的标志性建筑和象征就是石牌坊，又称马头牌坊。它位于书院中轴线的导入部位，起到了烘托整个建筑的作用，使书院其他建筑显得庄重而古朴。天启六年（1626年）阉党毁禁书院时，石坊同时被毁。明代原石坊上题"观海来游""洛闽中枢"等字样。清康熙年间改建木坊，乾隆五年（1740年）恢复石坊，坊额上改题"东林旧址"和"后学津梁"字样。此坊为四柱三间五楼石坊，至今有两百多年的历史，石坊上雕饰有二龙戏珠、丹凤朝阳、猴子滚绣球、鲤鱼跳龙门等精美图案，通体设计合理，结构严谨，是一件完美的石构建筑珍品。

在东林精舍的外面游廊下，还挂着一些

东林书院石牌坊

东林书院

木刻版画,大致有"书院创建""明代复兴""东林气节"等几个主题。尤其令人触目惊心的是另外两个,一个是"东林党人榜",上面刻有顾宪成、顾允成、高攀龙、杨涟、左光斗、熊廷弼、孙承宗等三百零九人的名字,下面是一行小字:"以上诸上,生者削籍,死者追夺,已经削夺者禁锢。"更加令人不寒而栗。还有一个是"东林朋党录",上面是赵南星、钱谦益等九十四个人的名字,几乎每一个名字后面都有"已处"或者"降级""回籍"等附加说明。透过这些名字,斑斑血泪犹在眼前。

穿过东林精舍,便是丽泽堂。丽泽的意

东林书院石牌坊

东林书院的风貌

东林书院牌匾

东林书院正门

东林书院

东林书院旧址丽泽堂

思就是借喻朋友之间相互切磋讲学。丽泽堂的名字是顾宪成亲自拟取，旨在希望以文会友，以友辅仁。顾宪成指出："学问须大家商量,须用大家帮扶方可得手",并要求学人：并胆同心，细细参求，细细理会，未知的要与剖明，已知的要与印证，未能的要与体验，已能的要与保持。始终强调实学、实用、实益的务实学风。这样的教育理念和教育方法，即使到了今天，也仍然有资借鉴的积极意义。丽泽堂的内在布置陈设，和东林精舍大致相似，左边墙上的一副对联很值得一记："为道为法为则守先待后，不淫不移不屈知命达天。"这既是治学之法，也是处世之道。

东林书院的风貌

丽泽堂

东林书院在当时不但成为全国政治目光的焦点，同时也成为东林党人心目中的圣地，士子们一时竟以"躬登丽泽之堂，入依庸之室"为荣。

丽泽堂的后面是依庸堂。依庸堂是书院的主体建筑，就是那副传世名联所挂之处，也是东林学派学术领地的象征，被一代学人尊为"南国杏坛"，所谓"脚迹得入依庸堂，人生一大幸事"。堂内保存有明代《依庸堂记》碑刻原石。

"依庸"就是依乎《中庸》的意思。"庸义有二：庸者，恒也，有久而不衰之意；又，平也，有适中之意。强调并发挥儒学经典中《中庸》的思想宗旨"。这样的话，大

丽泽堂

依庸堂

东林书院的风貌

依庸堂桌椅

概就是学术上的明星了，好比今天当选"院士"一样，不得了。

我们一般知道依庸堂的名字，大概和一副对联有极大的关系，或许知道这副对联的人更多。这副对联不仅有诗意更有深意，它就是"风声雨声读书声声声入耳，家事国事天下事事事关心"。张贴在大堂正中，其实体现的还是读书"齐家治国平天下"的儒家思想和雄心壮志。

左边的墙上有一首诗，是程颢的《秋日偶成》："闲来无事不从容，睡觉东窗日已红；万物静观皆自得，四时佳兴与人同。道通天地有形外，思入风云变态中；富贵不淫贫贱乐，男儿到此是豪雄。"还有一首，是杨时在江西庐山写的《东林道上闲步》："寂寞莲塘七百秋，溪云庭月两悠悠。我来欲问林间道，万叠松声自唱酬。"东林书院的开山祖师杨时是成语故事"程门立雪"的主人公，因为他是洛学宗师程颐、程颢兄弟的学生，又是闽学宗师朱熹的老师，因此有人说他是"洛闽中枢"。

依庸堂的后面是燕居庙，供奉的是孔子，和各地大同小异。依庸堂的右手边隔壁，是再得草庐。出再得草庐，就是一片空阔的草地，草地临水，河如弯弓，叫做弓河。河边一个小亭，名叫远经亭，大概是供师生讲学

燕居庙

东林书院的风貌

正心亭廊柱上的对联

顺着河走，又是一座亭台，叫做"正心亭"，不仅名字非同寻常，"乾坤浩荡今还古，日月光华西复东"。门柱两边的这副对联境界也不低。里面的牌子更加有气魄。"一榜九进士""六科三解元""状元""榜眼""探花""传胪""会元""解元"等等都有名有姓有时有日，就好比如今一些学校的办学成果展览或者陈列室，成绩斐然。

正心亭的旁边，是道南祠。相传，程颢为弟子杨时送行，杨时南归，程颢望着他的背影对众弟子说："吾道南矣。"意思是他的道学从此可以传到南方了。因此人们把纪念杨时的祠堂叫做道南祠。道南祠外，两棵不知名的古树枝干盘旋斜出，不知历经几多岁月。祠堂后面一棵柏树高约数丈，已经历了两百余年的风雨。虽然干瘦枝疏，但仍苍郁深沉。

东林书院虽然没有雄伟的建筑，但朴实的设计和优雅的环境正是讲学交流的好地方。书院的每个角落都散发出浓浓的学术氛围，仿佛吸引着来自四面八方的学者们。可以说，东林书院就是当时当之无愧的文化学术中心。

道南祠

东林书院的风貌

三 东林书院的讲会制度

与私人书院兴起初期不同，东林书院创建于明中后期，此时书院讲会已相当成熟。尽管之前明末经历过三次毁灭书院的活动，但作为明代的重要文化学术中心，东林书院形成了一套完备的讲会制度。书院讲会活动产生于南宋，至明代逐渐制度化、规范化。东林的首次大会会期为万历三十二年（1604年）十月初九日始至十一日，"上自京口，下至浙江以西，同志毕集，相与讲德、论学，雍容一堂……远近绅士及邑之父老子弟或更端而请，或环聚而观，一时相传为吴中自古以来未有之盛"（顾枢：《顾端文公年谱》卷下）。东林书院的讲会是明代书院讲会制

东林书院一角

东林书院

度的突出代表，集中反映在《东林会约》的
"会约仪式"中。现将《东林书院志》的记
载摘要如下：

　　每年一大会，或春或秋，临期酌定，先
半月遣贴启知。每月一小会，除正月、六月、
七月、十二月祁寒盛暑不举办，二月、八月
以仲丁之日为始，四月以十四日为始，会各
三日，愿赴者至，不必遍启。

　　……

　　大会每年推一人为主，小会每月推一人
为主，周而复始。

　　……

　　每会推一人为主，说《四书》一章。此

外有问则问，有商量则商量。凡在会中，各虚怀以听，即有所见，须俟两下讲论已。

……

各郡各县同志临会，午饭四位一桌，二荤二素；晚饭荤素共六色，酒数行。第三日之晚，每桌加果四色，汤点一道，攒盒一具，亦四位一桌，酒不拘，意惬而止。

同志会集，宜省繁文，以求实益。故揖止班揖，会散亦不交拜。惟主会者遇远客至，即以一公帖迎谒。客至会所，以止共受一帖。其同会中有从未相识，欲拜者，止于会所各以单帖通名，庶不至疲敝精神，反生厌苦；其有必不可已者，俟会毕行之。

东林书院燕居庙

东林书院

从东林书院的会约仪式可以看出，书院的讲学活动较多，内容丰富。讲会活动定期举行，每年一大会，每月一小会，每隔三日，便推选一人为主持；讲会之日，必举行隆重的仪式；讲学内容主要为"四书"，讲授时，与会者"各虚怀以听"，讲授结束，相互讨论，会间还相互歌诗倡和。此外，关于讲会组织的其他一些方面，如通知、稽察、茶点、午餐等，也都作了具体规定。所有这一切都清楚地表明，东林书院的讲会已经制度化了，这是它的一个重要特点。

　　书院讲学活动深得人心，一旦禁令稍有放松，书院得以修复，应和者一呼百应。万

东林书院内景色

东林书院的讲会制度

历二十七年（1599年）时，仅顾宪成所知的邻近地区，辟坛讲学之人已为数不少。"是时乡郡诸君子以讲学为事者，宜兴安节吴公达可、武进启新钱公一本，暨薛公玄台辈数人，于其一也，名孔兼，金坛人"。加之顾、高二人在创建书院之前，已多次自行组织或参与友人组织的讲会，与各地学人颇为熟识，声名已起。可以说，东林书院作为明代最后一次书院讲学高潮的领军势力，它的修复就是兴盛的开始。

东林讲学是在特定历史条件下进行的，是适应时代、社会和学者们的共同需要兴盛起来的。讲学活动除严寒酷暑外，都定

东林书院内石凳

东林书院

东林书院临街的茶社

期会讲。这就将原来士绅的分散游学形式变成了集中固定的、有组织的讲学活动。而且书院不分尊卑、不限地区、不论长少、不收学费，只要愿意，均可参加，还提供方便的食宿。讲授形式十分灵活，有时采用演讲方式，讲了一段时间后，就插入朗诵一段诗词以活跃气氛、开发性灵，主讲者还随时回答提问。有时采用集体讨论方式，沟通思想、交流心得。

东林书院中学人之间言谈的主体实是学术。以书院领袖为例，高攀龙在为顾宪成所

东林书院一角

作的传记中评价道："先生辟东林雅舍，偕同志讲明性善之旨，以濂溪无欲为宗，表里始终然不渗"（《东林书院志》卷二十二）。这段话可以说总结了顾宪成在书院中以从事学术为主旨的实践活动，人们纷至沓来，为的就是纯粹求学得道。方学渐便是如此，万历三十九年（1611 年），他以 72 岁高龄放舟东下抵达东林书院，"务寻学脉之所在"（方学渐：《东游记》卷首）。此类实例不胜枚举。不管是就提高个人修养而言，还是就扩大群体影响力而论，东林书院的学术讲会是颇有成效的。

此外，东林书院讲学的效果还表现为曾与讲席者在从政后的不忘讲习及为政善绩。如华允谟任宝应县教谕时，"日与二三同志研求性命之学，心诚口苦，闻者悚然。"周怀鲁"与顾宪成、高攀龙为石交。每事咨询，以是，善政满江左"。有人还归纳道："自天启以迄，崇祯之末，其间忠节之士接踵而出，不可谓非讲学之力也"（陈鼎：《东林列传》卷二十四）。但这些只是东林讲学的间接效应，并不能由此加以推导，进而质疑书院讲学的学术性。不少因步入政途而为人所知者，在书院求学时是纯然论学的。如：沈云祚，字子凌，太仓人。幼颖悟绝伦，弱冠即同其

东林书院内景色

东林书院的讲会制度

父谒高攀龙于东林，求程朱正学，得主静、主敬之理而归。辄以圣贤自励。许文歧，字我西，仁和人。幼聪颖，敏文章。弱冠偕其伯父赴东林会讲，即有省曰："读书以利禄为者，非夫也。当向圣贤路上行乃可"（陈鼎：《东林列传》卷十）。就算是正在为官之人，于政闲暇至东林书院参与讲席也不言政，而是多于学问上有所得。以弹劾魏忠贤而闻名的杨涟在为常熟县令时，正值东林书院兴盛时期，他每次讲会必至无锡，所做的不过是"与顾宪成、高

东林书院一景

东林书院

044

东林书院一角

周怀鲁则是趁巡抚江南时，抽空到东林"率诸士大夫讲正心修身之学,明程朱之正"(陈鼎:《东林列传》卷三)。尽管这种日渐学术化的趋势没能挽救书院被拆毁的命运,但却使书院的学术影响更为深远。

东林讲学博采诸家合理之言,扬长避短、不执门户之见,讲学内容也较为广泛、丰富、适用,主要以儒家经史著述为主,但也兼及并包括一些必要适用的自然科学知识和具体实际的应用与管理方面的知识,评论政事得失,还把理论与实践结合在一起,要求学生身体力行。

四　东林书院著名学者

顾宪成铜章

明代后期，东林书院名声极大，一度成为左右全国舆论的中心。这时，顾宪成、顾允成、高攀龙、安希范等一批有真才实学的士官，先后被罢官回乡。东林书院的那幅著名对联就表达了顾宪成为学治世的积极态度。当时，无锡的顾宪成、高攀龙、顾允成、安希范、刘元珍、叶茂才和武进的钱一本、薛敷教，人称"东林八君子"。

顾宪成、高攀龙是明代东林书院的两个灵魂人物。顾宪成（1550—1621年），字叔时，别号泾阳，亦称东林先生；高攀龙（1562-1626年）字云从，存之，别号景逸，亦称景逸先生。两人被并称"高顾"，为东林党领袖。1604年，吏部文选司郎中顾宪成罢官回到家乡，修复了杨时讲学的书院，称为东林书院。顾宪成与顾允成及高攀龙等一批志同道合的朋友在书院讲学，称为"东林八君子"，每次讲学，听讲的有数百人。东林人士讽议朝政、评论官吏，为匡正时弊、革新政治而进行不屈的斗争，成为一个有影响的进步的政治集团。那副有名的对联把他们勤奋学习、钻研学问与关心政治、热爱国家之情紧密结合起来，广为传诵，成为许多心怀远大抱负的学者

志士的共同心声。

薛敷教（1554—1612 年），字以身，武进人，祖应旗，与顾氏兄弟早年善，中进士，与高攀龙同出赵南星门，益以名教自任。任国子助教时，力争国事并救赵南星而被谪，遂不复出。薛氏出身严苦，垢衣粝食，终身未尝受人馈。家居二十年，力持清议；当地大吏有举动，多用薛敷教言而止；身后有声誉。安希范（1564—1621），字小范，无锡人，早年从顾宪成学，中进士，因赵用贤事上疏争，因而落职，从此三十年家居，安心讲学，谢绝朝问，不求复职。

刘元珍（1571—1621年），字伯先，无锡人，在"东林八君子"中，年辈较晚，进士出身。1605年，因建言遭罢归，加入东林书院，以讲学为事。他表节义，恤鳏寡，行义重于时，在1614年写出《东林书院志》首稿，由后人续成全书。

钱一本（1544—1615年），字国瑞，武进人，进士出身，争"国本"之言戆直，万历帝以造言诬君、摇乱大典的罪名，斥为民。从此，一本潜心精研经学，与顾宪

东林书院内牌匾

东林书院

东林党人榜

成等分主东林讲席,学者称其为"启新先生",有陈仁锡等俊才从之游。

叶茂才(1558—1629 年),字参之,无锡人。进士出身,万历年间,同邑顾宪成、允成、安希范、刘元珍及高攀龙等,皆因建言去职,声震一时。茂才仅以"醇德"称,及叶氏官至南京太仆少卿时,清流尽斥,邪议益梦,遂奋身与抗,直至被罢斥,人由是服其勇。有称其:"生平学问,躬行实践,信心为已,感民彝,痛国是,是是非非,如风檐炫矢,触而必发,岂有意与党人争胜负哉"(钱谦益《初学集》)。

自顾宪成推荐李三才失败后,东林学人

杨时故里景色

被恣肆污蔑中伤，东林同人（含东林学人与朝野"清流"），也把这些攻击者归之为浙、宣、昆诸党。双方言辞激烈，朝廷争论形同水火。万历后期，反东林的党人占据上风，他们"悉踞言路，凡他曹有言，必合力逐之。（叶）茂才既去，党人益专，无复操异议者"（张廷玉《明史》1974）。

下面着重介绍一下在东林书院的发展以及对后世影响较大的几位东林人物。

（一）杨时——东林书院的创建者

1. 杨时生平

杨时（1053—1135年）是我国著名的理学家。北宋仁宗皇祐五年（1053年）生于南剑西镛州（今福建将乐）龙池团，原字行可，后改为中立，号龟山，被尊称为龟山先生。他历任州一级的司法、防御推官、教授、通判等职，还担任过知县、秘书郎、著作郎、径筵、左谏议大夫、工部侍郎、龙图阁直学

杨时塑像

东林书院的著名学者

士等。

杨时在北宋熙宁九年（1076年）中进士，次年被授予汀州司户参军。他以病为由没有赴任，专心研究理学，期间著作有《列子解》。元丰四年（1081年），杨时被授予徐州司法。杨时执法公正严明，"公烛理精深，晓习律令，有疑狱众所不决者，皆立断。与郡将议事，守正不倾"（胡安国《龟山先生墓志铭》）。元祐五年，杨时又因父亲杨殖去世，回乡守制。杨时少年时，聪颖好学，善诗文，人称"神童"。29岁那年前往河南颍昌，他专门投于洛阳著名学者程颢门下，研习理学，勤奋好问，

杨时墓

东林书院

学习成绩优异，与游酢、伊熔、谢良佐成为程门四大弟子。杨时学成回归时，程颢目送他远去，曾感慨地说："吾道南矣！"程颢去世后，杨时又一次北上求学，从师程颢之弟程颐。杨时不仅学习勤勉，而且非常尊敬老师。有一次与游酢去拜见程颐，见老师正在厅堂上打瞌睡，他不忍惊动，便静静地站在门廊下等候。这时，天空正纷纷扬扬下起大雪，待程颐醒来，门外的积雪已经下得非常厚了，成语"程门立雪"讲的就是杨时这种好学精神和尊师重道的故事。杨时不负重望，终于学得程门理学的真谛。杨时学成后，回到南方继续潜心研究和传播程氏理学。他

程颢像

东林书院的著名学者

055

清乾隆前刻本《杨龟山先生文集》

为了弄清楚张载《西铭》之理，专门写信向程颐请教。他在二程理学和朱熹之间起了承前启后的作用。绍圣元年（1094年），杨时赴浏阳上任。翌年夏末初秋，浏阳县出现严重旱灾，许多农民颗粒无收，纷纷外出逃荒。杨时立即赶写《上程漕书》《上提举议差役顾钱书》，向上反映灾情，使朝廷及时拨给赈灾粮款，将官仓三千石稻谷迅速赈济灾民，缓解了灾民的苦难。绍圣四年，浏阳连降暴雨，浏阳成了"水泽之国"，大片农田被淹。杨时《上州牧书》禀报浏阳受灾情况，请求拨粮钱赈灾和减免灾民赋庸调。

杨时一生钻研理学，特别是他"倡道东南"，对闽中理学的兴起，对理学的发展做出了不可磨灭的贡献，被后人尊称为"闽学鼻祖"。他的著述非常之多，主要的都收集在《杨龟山先生文集》中，他的哲学思想继承了二程（河南程颢与程颐）的思想体系，被后人称之为"程氏正宗"。杨时还用《华严宗》《易经》的内容来阐述他的哲学思想，并用孔孟的《大学》《中庸》《孟子》中"格物致知"诚"形色""天性"等概念来丰富、扩充自己的思想。对"理一分殊""明镜"等学说有新的创见，还在自然观上，吸收了张载"气"的唯物主义学说。他的哲学思想对后来的罗从彦、李侗、朱熹等人产生了深刻的影响，也对我国的古代哲学，特别是思辨哲学方面产生了深远的影

杨时与程颐

东林书院的著名学者

杨时墓

响。他的哲学思想流传到国外，在朝鲜、日本的影响很大。宋嘉定十六年（1223年），宋使臣到高丽（今朝鲜），国王急切地问道："龟山先生安在？"

　　杨时不仅是一个著名的理学家，还是一个很有影响的政治家，他在担任地方官吏时，所到之处"皆有惠政，民思不忘"。在虔州任司法时（1098 年），秉公办案，刚正不阿；在浏阳任知县时（1093 年），积极上书朝廷，反映实情，赈济灾民；在余杭任知县时（1106 年），顶住奸相蔡京借口"便民"实为其母筑坟的害民之举；在萧山任知县时（1112 年）修筑湘湖，蓄水灌田。后人建祠堂、描画像祭祀他。杨时在朝廷任职时，不畏权势，据理直言，所言多卓有见识，所行不乏爱国之举。他以"弃军而归""帅臣失败"为由，对贪生怕死的童贯"明正典刑"，他还上书

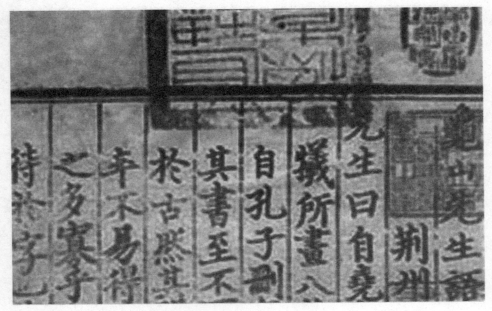

《龟山先生语录四卷》（局部）

斥责奸相蔡京等人聚敛"花石纲"，以为此举有"误国之罪""其害尤甚"，要求朝廷废止之，并坚决反对割地求和的投降卖国政策，力主抗金，挽留抗金名将李纲，但杨时反对王安石变法，上书："愿明诏有司，条具祖宗之法，著为纲目……"甚至认为奸相蔡京所作所为是"继神宗为名，实扶王安石以图身利""今日之祸，安石启之"，要求"追夺（安石）王爵，毁去配享之像"，这表现了杨时复古、保守的一面。

崇宁五年（1106年），杨时奉敕差充对读官，转授浙江余杭县知县。奸相蔡京借口"便民"，实际上是为其母筑坟圈地。杨时不畏权贵，坚决抵制其害民之举；并且揭露和批评蔡京专权、暴政虐民的罪行。奸臣蔡京、童贯、朱勔、王黼等为了迎合宋徽宗的奢侈荒淫，大肆搜刮民间奇珍异宝，建龙德宫。仅朱勔主持的苏杭应奉局，用来运送奇花异石的船只就多达两千四百多艘。朱勔之流还乘机敲诈勒索，大发横财。百姓怨声载道。杨时对他们的行径深恶痛绝。他在《余杭见闻》中，愤然写道："今天下上至朝廷大臣，下至州县官吏，莫不以欺诞为能事，而未有以救之！""今天下非徒不从上令，而有司亦不自守成法……其如法何？"他批评朝廷："免夫之役，毒

丽泽堂外景

东林书院的著名学者

063

被海内，西城聚敛，东南花石，其害尤甚。前此盖尝罢之，诏墨未干，而花石供奉之舟已衔尾矣。今虽复早前令，而祸根不除，人谁信之？"他主张"为政以德""爱人节用""节以制度，不伤财，不害民。"他还一再上疏恳请朝廷减轻农民赋税。

政和二年（1112 年）四月，杨时赴萧山任县令。萧山县城周围农田易旱易涝，连年受灾。乡民曾多次要求将低田蓄水为湖，以灌农田，但都未实现。杨时到任后，认真听取乡民的意见，率百姓筑湖。湖取名"湘湖"，成湖三万七千多亩，周围八十余里，可以灌溉农田十四万六千八百

萧山风景

东林书院

《康熙萧山县志》插图

余亩，即使大旱之年仍然有过半农田可以得到灌溉；而且"湖中多产鱼鲜，又有莼菜，可炊以疗饥"。据《萧山县志》载："政和二年，（杨时）为邑令，经理庶务，裁决如流。以民岁苦旱，开筑湘湖，以灌九乡，至今民赖其利。祀宦祠。"

宣和六年（1124年），经张舜民推举，徽宗召杨时为秘书郎。翌年三月，杨时上书《与执政论时事札子》，建言十件大事。他写道："如今士大夫不敢对天下大事畅所欲言，不过是为了明哲保身而已。但他们不曾想过，天下动荡不安，

萧山湘湖初冬景色

东林书院的著名学者

杨时所撰墓志铭（局部）

岂能保全自身？"他从"慎令、茶法、盐法、转般、籴买、坑冶、边事、盗贼、择将、军制"十个方面分析了朝廷一些政策的弊端以及由此产生的负面影响，并且提出许多趋利避害的建议和措施。杨时提出不能只给流亡他乡之人免除赋税，还应对辛勤劳作的农民一视同仁，使他们也能得到实惠，从而信任朝廷，而不至于跟着抛弃土地，背井离乡，沦为盗贼，引起社会动荡。他主张放宽或废弃茶盐二法，以保证贸易自由，减轻百姓负担。他认为爱民就要使民有常产，方可使天下百姓安居乐业，杨时建议朝廷恢复以前做法，拨出一笔经费作为籴本，即购粮储备金，年初预支给农民购买生产资料和维持平时生计，秋收后农民按额交粮，结算时从中扣除原发的预订金。这样，国家既能按时收粮入库，农民也从中得到便利，乐于耕种土地，不至于逃亡。但因当时奸臣当道，杨时的建议未被采纳。

杨时回到家乡后，生活十分俭朴。吕聪在《问书册》中说："（杨时）自京城辞官还乡后，视公（杨时）一饭，虽蔬食脆甘皆可于口，未尝有所择也；平生居处，虽敝庐优屋皆可以托宿，未尝有所羡而求安也。"杨时为了教育儿孙"俭以养德"，特立下这样的家规："三餐饭蔬，不论脆甘酸苦，只要是可以吃的，就不可有所嗜好；衣服鞋帽，不论布料精细，只要合身，就不许挑挑拣拣；

将乐名人杨龟山像

东林书院的著名学者

067

《东林书院志》

所处房屋，尽管简陋，只要还能居住，就应安居乐业，不要羡慕别人雕梁画栋；故山田园，先祖遗留，应该守其世业，不可增营地产，侵犯他人利益。"他还赋诗勉励儿孙："敝裘千里北风寒，还忆箪瓢陋巷安；位重金多非所慕，直缘三釜慰亲欢。"他还谆谆告诫后学者："富贵如浮云，苟得非所藏。贫贱岂吾羞，逐物乃自戕。胼胝奏艰食，一瓢甘糟糠。所逢义适然，未殊行与藏。"（杨时《书含云寺学者》）晚年他在故里仍笔耕不辍，著书立说，先后写成《三经义辨》《日录辨》《字说辨》等书。

南宋绍兴五年（1135年），杨时辞世，终年83岁，葬于将乐水南乌石山麓。宋朝赐"左大中大夫"，又赠"太师、大中大夫"等封号，谥"文靖"，并在将乐龟山麓建有"龟山书院""道南祠"，宋高宗赵构为书院题名，清圣祖玄烨题匾："程氏正宗"。至今每年拜谒杨时陵墓的游人仍络绎不绝。

2. 主要讲学活动

杨时早年观赏江西庐山东林寺风景名胜时，曾撰有《东林道上闲步》一诗，曰："寂寞莲塘七百秋，溪云庭月两悠悠。我来欲问林间道，万迭松声自唱酬。"清代钱肃润在《东林书院前记》中曰："东林书院者，宋杨文靖公龟山先生讲道地也。地以'东林'名者何？先生素爱庐山之胜，尝于道上感而有赋……及归而讲道锡邑，其地即以'东林'名。"明刘元珍《东林志序》中肯定地说："东林之有书院也，以明道也；龟山杨先生创起于前,洛阳顾先生继起于后。"明万历三十二年（1604年），无锡用官资在东林书院左侧建道南祠，祀杨时及其弟子门人。道南祠有大门、前堂、享堂等，内部祭祀杨时及明清东林学者约八十余人。东林书院很快成为江南地区人文荟萃和思想舆论中心，并成为周边关中、江右、徽州书院的楷模。

东林书院夜景

东林书院

东林书院

东林书院的著名学者

东林书院内校训

东林书院一角

东林书院

　　《东林讲会规则》与《会约仪式》中规定：每开讲事，依古礼斋戒后，都要"先谒圣，次谒三公祠（护卫东林书院有功三位地方官，即常州前任知府欧阳东风，后任知府曾樱，无锡知县林宰），次谒道南祠"。东林书院被毁后，后继者和地方官都不忘杨时创办东林书院的功绩。其中，顾宪成对杨时敬仰有加。也正是他在杨时讲学旧址修复了东林书院。常州知府欧阳东风在《重修东林书院记》中说："杨龟山先生载道而南，与严陵邹道乡诸先生讲学东林之上。此东林书院所由韧也。而地以人重，至

东林书院牌坊

今岿然。龟山非晋陵产也，以游寓也，而故所讲学处存之至今。岂苏子瞻所云，以天下之所共有者而独私以为宠，其尊德乐道有异他邦也欤。而龟山者，宋儒也……"

修复后，东林书院内还留有许多推崇和纪念杨时的遗迹。书院大门的门联是："此日今还再，当年道果南。"其上下联皆用杨时的典故。杨时曾作长诗《此日不再得示同学》，诗曰："此日不再得，颓波注扶桑。跧跧黄小群，毛发忽已苍。愿言媚学子，共惜此日光。术业贵及时，勉之在青阳。"下联仍用了"道南"的典故。可惜的是，当年东林书院大门上"此日今还再，当年道果南"这副门联也早已毁失，现联由当代著名物理学家、无锡籍人钱伟长重新书写。

东林书院内还有一座建筑物取名为"再得草庐"，也和杨时《此日不再得示同学》这首诗有关。它由无锡人高世泰建筑。东林书院内大门（仪门）上"洛闽中枢"砖雕门额，系清乾隆遗物。洛指"洛学"，即北宋二程之学，因二程为河南洛阳人。闽指福建朱熹"闽学"，中枢指杨时将洛学三传给朱熹，对宋代理学南传作出重大贡献，成为闽学鼻祖，而朱熹成为理学集大成者。

再得草庐

东林书院的著名学者

  东林书院内还有许多立柱书写着肯定杨时倡道东南和创办书院之功的联句。如清胡慎撰"伊洛道统自北而南先生实承前启后，洙泗心传有一无二诸贤复尊闻行知"，联中"先生"指杨时。清刁承祖撰写的"载道而南揭理一分殊之旨十八年春风化雨，奉神以祀萃仁至义尽之儒两三朝威凤祥麟"，以及明清期间孙世熙、王问、施璜、钱肃润等学者的联句。

（二）顾宪成——东林先生

1. 顾宪成生平

  顾宪成（1550—1612 年），明代名士，无锡泾里（今无锡县张泾）人，字叔时，号

顾宪成塑像

顾宪成故居

泾阳，世称东林先生。顾宪成小时候家境十分清贫，他的父亲顾学开了爿豆腐作坊，但因为家庭人口多，支出比收入多，所以经常要向人借钱。他家的房子很破旧，挡不住风雨。但是，艰苦的生活环境反而激发了顾宪成奋发读书的决心与进取向上的志向。他6岁就进入私塾读书，既聪明，又刻苦，而且怀有远大抱负。他在自己所住的简陋的房间的墙壁上写了这样两句话："读得孔书才是乐，纵居颜巷不为贫。"这里的"颜"指的是孔子著名的学生颜回。颜回家里十分贫穷，但他不以为苦，师从孔子，刻苦好学，以学为乐。顾宪成认为自己的处境与颜回比较相似，立志要像颜

正在修缮中的顾宪成墓

回那样克服困难，养成乐观的学习和生活态度，做一个乐学、好学的人。

面对浩如烟海的知识，顾宪成既不拘泥于一家一说，也不厚古薄今，他视野开阔，博览群书，涉及百家，还读了大量宋代人的著作，如周敦颐的《太极图书》、程颢的《识仁篇》、张载的《西铭》以及朱熹、陆九渊、邵雍、王阳明等人的著作。他善于掌握全书的主旨大意，不沉溺于训诂章句之类，所以吸收了很多有益的思想。顾宪成在读书中，非常钦佩前贤先哲的为人，总是想仿照那些德高望重的人的思想举动去行事。也因为有了刻苦耐劳、不思进取的努力，他所创作的"风声雨声读书声声声入耳，家事国事天下事事事关心"的这副名联，至今也让人回味无穷。这副名联表达了他读书期间对社会的关注。由于当时社会风气不正，一些人品德很不端正，没有是非观念，注重私利，见风使舵。使得顾宪成对这种状况愤愤不平，时常想找出矫正的办法，做到把书本知识和社会实际结合起来进行研究。

顾宪成纪念馆外景

东林书院

《东林会约序》

　　明万历四年（1576 年），27 岁的顾宪
成赶赴应天（今江苏南京）参加考试，他在
应试的文章《习书经》中指出：天下治理的
关键在于用人得当。只有选拔、任用贤才，
使之各司其职，这样才能使国家稳固、政治

顾宪成纪念馆

顾宪成墓

清明、民情安定。同时，顾宪成还强调朝廷要广开言论，虚心纳谏，以法治国，注意总结前代的经验教训以供借鉴，把国家

的事情办好。由于顾宪成的文章立意远大，分析透彻，结果以第一名中举，时人将举人第一名称为解元。顾宪成从此名闻遐迩。

万历八年（1580年），解元顾宪成赴京参加会试，又被录取在二甲第二名，赐进士出身。当时，得中进士的人就可进入官场，顾宪成从此开始了他的仕宦生涯，投身到了社会激流中。顾宪成带着强烈的政治热情踏上仕途，想为国为民做些有益的事。但当时的皇帝明神宗和宦官、王公、勋戚、权臣结合成为一股最反动腐朽的势力，操纵朝政，政治黑暗，军事腐败，财政拮据，而人民由

洛闽中枢

于苛政暴敛被迫反抗的事件也层出不穷。由于明代国力渐衰，崛起于关外的满洲贵族也逐渐不服明代中央政府的管辖，逐渐构成对明代的威胁。面对这种国是日非的形势，初入仕途的顾宪成不顾自己位微言轻，上书直谏，主张举用人才，评论时政得失，无所隐避。他先在户部、吏部任职，后外放桂阳（今属湖南）、处州（今浙江丽水）等地为官，后又奉调再入吏部。不管在什么地方、什么部门任职，他都不媚权贵、廉洁自守、正直无私、办事认真。顾宪成孜孜国事，反而获罪罢官，朝野许多人士为朝中失去这样一位正直无私的官员扼腕叹息，也对顾宪成的品格十分钦佩，顾宪成的名望反而更高了。

1612 年，一生忧国忧民的顾宪成走完了他 62 年的人生历程。他留下的著作有《小心斋札记》《还经录》《证性篇》《东林会约》《东林商语》《南岳商语》《仁文商语》《虞山商语》《经正堂商语》《明道商语》《质疑篇》《桑梓录》《朱子二大辨序》等。

顾宪成一生，早年立志把求学与服务社会紧密结合，中年以后把讲学与议政活

东林书院内景

动结合起来，开辟了知识分子议政的风气。他的高风亮节和爱国至深的精神也一直在鼓舞激励着后人关心国事，热忱报国。

2. 主要讲学活动

万历二十二年（1594 年）九月，顾宪成从北京回到家乡泾里。顾宪成在朝中因公务繁忙，积劳成疾，再加遽遭削职，冤

东林书院内景

屈难申，因此在长途跋涉回到家中后，体质极弱，病痛频发，好几次生命陷入垂危。然而他绝不放弃自己为国为民的抱负，尽管已不能在朝中实现自己的志向，也要在故乡做些有益的事。顾宪成认为：讲学，可以传授知识，风范人物，扶持正论，为国家培养人才，而这也和

东林书院冬季景色

自己重人才、重舆论的政治思想是一致的。于是便把精力集中到讲学上来，顾宪成一生最辉煌的事业就此展开。

由于顾宪成在学界、政界都有很高的声望，所以慕名前来请教他的人很多。顾宪成不顾病体，不管其贫富贵贱，一视同仁，热情欢迎接待。后来，他看到前来泾里的人很多，小小的泾里镇上，连祠宇、客栈和自己周围邻居家都住满了客人，还容纳不下，就与长兄性成、次兄自成及弟弟允成商量，在自己住宅南边造几十间书舍供来人居住，顾宪成的夫人朱氏给学生们烧饭做菜，使学生来了就像回到家里一样。泾溪南北，昼则书声琅琅，夜则烛火辉辉，一派夜以继日奋发攻读的景象。即使许多已有功名、才学亦高的学者也争相前来求教。

顾宪成在居家讲学的同时，还经常到苏州、常州、宜兴等地去讲学，经常与苏州、松江、常熟、太仓、嘉兴、宜兴等吴中学者聚会于无锡惠山天下第二泉畔研讨学术。在讲学活动中，顾宪成迫切感到必须具备一个固定的讲学场所，从而将分散的讲学活动变成一个有协调有组织的统一活动，从而对吴地乃至整个社会产生了良好的影响和作用。万历三十二年（1604年），经顾宪成和吴地学者的共同努力，官府终于批准在无锡城东

东林书院内景

东林书院的著名学者

门内的东林书院遗址重建兴复东林书院。重建工程开始于这年四月十一日，至九月九日告竣，共用了一千两百多两银子。作为首倡发起人之一的顾宪成捐银最多，又去策动吴地官员和缙绅捐资助修，出了大力。顾宪成又亲自为书院讲会审订了宗旨及具体会约仪式，这年十月，顾宪成会同顾允成、高攀龙、安希范、刘元珍、钱一本、薛敷教、叶茂才（时称东林八君子）等人发起东林大会，制定了《东林会约》，顾宪成首任东林书院的主讲。顾宪成的讲学活动成为他一生事业的辉煌时期。

由于东林讲会开创了一种崭新的讲学风气，因而引起了朝野的普遍关注。一些学者从全国各地赶来赴会，学人云集，每年一次的大会有时多至千人，不大的书院竟成了当时国内人文荟萃的重要会区和舆论中心，在这里求学的人们便逐渐由一个学术团体形成为一个政治派别，从而被他们的反对者称其为"东林党"。那时所谓的"党"，不同于今天的政党，而是指政治见解大致相同、在政治活动中经常结合在一起的一群人。东林党与朝廷中的腐朽势力展开了殊死的斗争，东林书院的主讲

顾宪成思想充满了以天下为己任的救世精神

东林书院
090

顾宪成则以其卓越的思想气度成为东林党的
精神领袖。

　　顾宪成思想的最大特点是重视社会政
治，关心世道人心，充满了以天下为己任的
救世精神。这种救世精神本是儒学祖师孔子、
孟子的传统，但在汉以后封建专制统治下的
儒生，不但多数沉溺于为科举功名之士和从
事考据、词章之士背离了这种精神，只是把
它当做升官发财、夺取名利的手段，即使连
标榜义理之学的儒生，多半也只是脱离社会
实际的空谈者。顾宪成花了大量时间和精力，
深入研究各家的学术观点，从现实和封建国
家利益出发，认为沉溺功名或空谈心性都是
有害的，因为这两种学术思潮都将导致人们

东林书院亭廊

对现实社会和具体学问的漠不关心。他认为如今的政治形势已危机四伏，如同把干柴放到烈火之上那么危险，因此顾宪成强调研究学问的出发点必须是为了社会国家民生所用。他认为如果眼光短浅，营于一己之私，即使功名很高、学问很深、修养很好也不足挂齿，提倡士人不管是做官为民，身处何境，都要明辨是非，注重气节，敢于和恶势力斗争。在东林书院的讲堂里，就挂上了顾宪成在青年时代写的那副对联："风声雨声读书声声声入耳，家事国事天下事事事关心"，把读书、讲学同关心国事紧紧地联系在一起。同时，顾宪成也以一庶民身份积极参与时事和评论朝政之中，将注意乡井民情和关心国事落实到实际行动上。万历三十二年，以贩粮谋点微利的赵焕在江阴长泾（今江阴长泾）为税吏俞愚、金阳暗设毒计，活活打死，并将尸体沉入附近河内。他的儿子赵希贤多次为父讼冤，由于乡官相互包庇，一直得不到申雪。顾宪成为此一面写信给巡抚江南的地方官周怀鲁，请他代呈灾情，上达朝廷，以便量情及时给予救济；一面又写信给漕运巡抚李三才，向他反映灾区情况，恳请他尽力通融接济灾民。顾宪成对朝局的败坏十分关心，他鼓励东林学子不管时局多么艰难，一定要坚守职责，

东林书院荷花鱼塘

东林书院的著名学者

直言敢谏，精诚谋国，"即使天下有一分可为，亦不肯放手""天下有一分不可为，亦不可犯手"。意思是说，只要天下还有一线希望，就要坚决地干下去，切不可知难而退，归居林下，使一邦宵小奸党全面控制朝政，同样，只要有一丝一毫不该做的，也绝不参与插手，绝不能同流合污，使政局更为糟糕。

顾宪成等人在东林书院聚众讲学，因言行举止，竭诚坦荡，赢得了朝中一些正直官员的钦佩，而顾宪成的许多学生也已走入官场，这样就形成了一股较大的政治势力。许多东林官员纷纷上疏推荐重新起用顾宪成。万历三十六年（1608 年），顾宪成被正式任命为南京光禄寺少卿，顾宪成为了实现自己的救世理想，便奉旨动身前往南京赴任，由水路放舟至丹阳附近，不料因头痛毛病复发，无法坚持，只得作罢，弃官折回，继续从事讲学议政。

万历三十八年（1610 年），朝局反复，朝臣之间因东林官员李三才能否入阁发生了激烈的党争。掌管京畿的道御史徐兆奎攻击朝廷内有许多官员与削职为民

东林书院内景

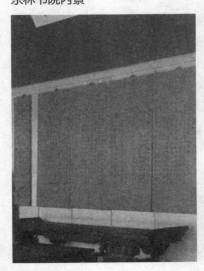

东林书院

东林书院雪景

的顾宪成勾结一起，结成"东林党"。这样，东林书院就公开卷入政治漩涡，许多士人因惧怕与东林书院有瓜葛而罹祸，因而对东林书院的讲学活动产生了戒畏之心，并抱着回避态度。但顾宪成认为东林讲学不能因心有人攻讦，不能因为政局变化，就改变讲学议政的初衷，一年一度的东林大会也要按原定计划进行。

万历三十九年（1611 年），是朝廷规定的京察之年，即对朝廷官员进行考察调整。主持此事的东林官员叶向高等希望积极设法解除以往纷争，秉公办事，澄清吏治，使政治朝局焕然更新。但不料其他派别的官员联合起来栽赃陷害，把目标集中在东林官员身上，主要意图就是想将朝中正人搞倒，由他们来控制内阁大权。徐兆奎更是将朝廷纷争的全部责任推到东林官

东林书院的著名学者

东林书院一景

员头上，说国家吏治、人品、学术都因顾宪成的东林讲学而弄得败坏不可收拾，污蔑东林借讲学之名，行结党营私之实，将功名利禄与学术气世统统混为一谈，弄得吏治人心大败。明神宗看了徐兆奎的奏疏后，对东林官员的提议不予采纳。这次京察，东林官员的努力没有实现。相反，一帮奸党因祸得福，都纷纷挤到各要津重地，并不遗余力地捏造借口打击排挤朝中直臣。从此，国家政治更加枯槁。被指控为"讲学东林、遥执朝政"的顾宪成处境艰危，东林书院的景况也开始走下坡路，与会人员锐减，已只有"二三真正如苍然隆冬之松柏"的君子前来听讲，讲事也逐渐凋零。

（三）高攀龙——景逸先生

1. 高攀龙生平

高攀龙（1562—1626年），明代文学家、政治家。字存之，又字云从、景逸。无锡（今属江苏）人。东林党领袖，官至督察院左都御史。因反对阉党被革职回乡，与顾宪成等在东林书院讲学。

19岁时以品学兼优，为邑诸生。万历十年（1582年）中举，曾就学于顾宪成。公余研读二程与朱熹的著作，以程朱理学为宗。万历十七年（1589年）中进士，授行人。上

东林党人铜章

东林书院的著名学者

书指责"陛下深居九重"，被贬谪为揭阳县典史，又逢亲丧家居，三十年不被起用。在此期间，他与顾宪成在家乡东林书院讲学，抨击阉党、议论朝政，影响较大，时人称为"东林党"。高攀龙为首领之一。万历二十一年（1593年），因上疏痛责首辅王锡爵排斥异己，被贬为广东揭阳县典史。万历二十二年（1594年）九月，从北京回到家乡泾里。

万历二十三年（1595年），弃官回无锡，在五里湖畔建筑"水居"，家居二十七年。高攀龙被革职后，万历三十二年（1604年），高攀龙与顾宪成等合力重修东林书院，集

高攀龙《高子遗书》

东林书院

高攀龙《诗文稿》

合志同道合的朋友顾宪成、钱一本、薛敷教、史孟麟、于孔兼等在这里讲学，议论朝政，指斥时弊。"每年一大会，每月一小会"。当时一些被谪黜的士大夫，或世不能容而退居山野者，知道这个消息后，全都来响应归附。他们讽议时政，裁量人物。朝内官员也遥相应和。

天启元年（1621年），高攀龙被召入朝任光禄寺丞，又升少卿。后因"红丸案"，上书责臣，帝不听，反被夺禄一年。后又议任大理少卿、刑部右侍郎。天启四年（1624年），高攀龙擢升左都御史，与左副都御史杨涟等上书弹劾太监魏忠贤，揭发魏忠贤的

高子水居

党羽崔呈秀贪污受贿事状，被革职返乡。后崔呈秀派锦衣卫缇骑前往逮捕，他投池水自尽。

高攀龙能诗文。前人称他"立朝大节，不愧古人，发为文章，亦不事词藻而品格自高"。高攀龙的文章平易流畅，格调清道。他的记叙性散文，如《南京光禄寺少卿泾阳顾先生行状》和《祭顾泾阳先生》，深情地描述了东林领袖顾宪成的生平事迹、为人品德及东林书院建立经过，情节感人。文中称："先生于世，无所嗜好。食取果腹，衣取蔽体，居取坐卧，不知其他。四壁不垩庭草，不除帷帐，不饰一几一榻，敝砚秃笔，终日俨然冥坐读书，四方酬答而已。忧时如疾痛，好善如饥渴。"素淡几笔，写出一位以清廉自守的正直士人形象。又如《薛文清公传》，仅载几件小事，而将薛文清公正廉明、敢于力谏的品德勾画如生。他的游记散文虽不多，但也可见其善于借景抒情的功力。如《武林游记》，记杭州数日游，写湖中雨景道："是时雨丝阴，水烟笼树，远山层叠，浓淡相间。内湖荷香袭人，游人歌吹与点点渔舟错落，左右瞻眺，恍然自失。"读文如观画。又如《三时记》描绘大姑滩的险急，栩栩如生，由此想到"张旭、右军观之，书法当更适"，颇有深意。

高攀龙的诗歌，朴素自然，文字简洁，恬淡中别有寄托，颇有陶渊明风格。沈德潜称他"无心学陶，天趣自会"。如《夏日闲居》："长夏此静坐，终日无一言，问君何所为？无事心自闲。细雨渔舟归，儿童喧树间。北风忽南来，落日在远山。顾此有好怀，酌酒遂陶然。池中鸥飞去，两两复来还。"清幽的环境衬托出悠闲的情绪。高攀龙著有《高子遗书》十二卷，还有《周易简说》《春秋孔义》等。

高攀龙画像

东林书院的著名学者

高攀龙作品

抱道忤时的士大夫、退居林野的官僚，与部分在朝的士大夫遥相应合，形成一股政治势力，高攀龙则与顾宪成并称"高顾"。顾宪成卒后，由其主持东林大会。熹宗即位，起为光禄寺丞，官至左都御史。支持杨涟等人追论梃击、红丸、移宫三案，借以消除外戚、勋贵及浙党的势力，又力主澄清吏治。

高攀龙曾言："字辇毂，志不在君文；官封疆，志不在民生；居水边林下，志不在世道；君子无取焉。"所以虽然是在书院讲学，却还经常讽议时政。其后，孙丕扬、邹元标、赵南星等正直君子，被朝廷黜免，亦赴东林相继讲学。他们自负气节，与朝廷相抗，这便是东林党议的开始。

高攀龙著《调易孔义》

　　高攀龙出自赵南星之门，其学以格物为先，兼取朱、陆两家之长。操履笃实，粹然一出于正。初自辑其语录文章为《就正录》。后其门人嘉善陈龙正编成此集，凡分十二类。一曰语，二曰札记，三曰经说辨赞，四曰备仪，五曰语录，六曰诗，七曰疏揭问，八曰书，九曰序，十曰碑传记谱训，十一曰志表状祭文，十二曰题跋杂书。附录志状年谱一卷。其讲学之语，类多切近笃实，阐发周密。诗意冲澹，文格清遒，亦均无明末纤诡之习。高攀龙虽亦聚徒讲学，不免渐染于风尚。然严气正性，卓然自立，实非标榜门户之流。故立朝大节，不愧古人；发为文章，亦不事词藻，而品格自高。此真之所以异于伪欤(《四库全书》）。

天启元年（1621年），朝廷起用被贬谪的诸臣，高攀龙入朝为光禄寺丞，次年升光禄寺少卿。这时山海关外诸城池已被清兵攻陷，危及京师，他推荐礼部右侍郎孙承宗专理守战的疏奏为皇帝接受。孙承宗出关督师，收复了辽河以西失地。高攀龙后调任太常少卿，升太仆卿。天启三年（1623年）春，他利用出公差的机会，回无锡主持东林书院讲会，同年调任刑部右侍郎，弹劾宦官魏忠贤的党羽御史崔呈秀。天启四年（1624年）升都察院左都御史。时魏忠贤已结成阉党，矫旨指责他与吏部

高攀龙之墓

东林书院

104

高攀龙著作

尚书赵南星谋结朋党，高攀龙被迫辞职回乡。
天启五年（1625 年）起，魏忠贤大兴冤狱，
捕杀杨涟、左光斗等正直官员，打击东林党
人。四月，高攀龙被追夺爵命，削籍为民。
十月，东林书院被毁。十二月，魏忠贤一伙
颁示"东林党人榜"，他被列入榜中。

　　天启六年（1626）二月，魏忠贤、崔呈
秀合谋诬劾高攀龙和前应天巡抚周起元等七
人。锦衣卫缇骑四出追捕东林党人。三月，
缇骑在苏州逮捕周顺昌等人，激起大规模的
市民抗暴斗争。高攀龙得到消息后，自知不
免，写下遗表，于三月十七日凌晨从容赴水，

终年 64 岁。崇祯初年得以昭雪，追封太子太保、兵部尚书，谥忠宪。遗著经后人整理为《高子遗书》和《高忠宪公集》。

其实，从他死前对友人那句"心同太虚原无生死"的话中已经可见一些端倪，在高攀龙诗集中，我们可以看到他写有不少这样的诗句，"坚白江湖骨，升沉天地心。凭高诚识目，迢遰有层阴"《夏日闲居》。"……妙悟世情外，真机独坐中。物交吾不役，转觉此身雄"《望湖亭坐月》。"……六径疑处破，一气静中深。"《庚子秋日同友人居静坐》"……从今丢却蒲团子，鲲海鹏天一块哉"。

在高攀龙的文集中，我们也可见到这样的文字："朱子谓学者半日静坐，半日读书，如此三年，无不进者。尝验之一两月，便不同。学者不作此功夫，虚过一生，殊可惜。"在他去揭阳任典史途中，由于他遭受王锡爵的报复排挤，气闷在心。因此，他开始"胸中理欲交加，殊不宁帖"。后来，他在途中"整日静坐，夜不解衣，倦极而睡，睡觉复坐"。结果使他"一念缠绵，斩念遂绝"。从上面引用的高攀龙一些诗文中，知道他服膺程（颐）朱（熹）

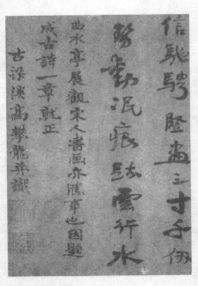

高攀龙文集

东林书院

106

理学和程朱的读书与静坐并行的做法。静坐，实际上就是我国传统气功中的静功。高攀龙练了几十年的静功，已达到"心如太虚"的境界。因此，他能够屏住自己的呼吸，使自己止息而离开人世。明天启六年，魏忠贤等阉党人士欲将东林党人一网打尽，派缇骑去无锡逮捕已罢官在家的高攀龙。高攀龙得知逮捕者就要来到的消息后，在书房里留下一封遗书，悄悄地投附近的池塘而死。

高攀龙墓，原在无锡西郊璨山之东，1966年遭毁，1985年由无锡市文物管理委员会移地重建于西郊青山，今青山公园内。原墓地形制宏伟，占地4．7亩，坐南朝北。清雍正、乾隆

高子水居内景

及以后各朝，曾多次加以修整。咸丰年间，因兵灾致使墓园严重破坏，光绪元年（1875年）又加以重修，1985年移建于其父母安葬之地。现墓园四周用砖砌罗城，墓墩用石块围砌，上部有封土，墓前有石刻墓碑。上镌"高攀龙之墓"。1986年7月，由无锡市人民政府公布为市级文物保护单位。

2. 主要讲学活动

高攀龙的理学思想接受顾宪成的影响。《本传》称："初，海内学者率宗王守仁，攀龙心非之。与宪成同讲学东林书院，以静为主。操履笃实，粹然一出于正，为一时儒者之宗"（张廷玉《明史》）。他十分重视个人的亲身实践，说："虚言无益""学问不贵谈，而贵行"不过，他的实践观所指不是社会实践，而是个人的品行修养，所谓"以性善为宗，以居敬格物为要，以躬行实践为主，以纲常名教为本"（陈济生《天启崇祯两朝遗诗》）。他向人宣传："天下原是一身，吾辈合并为公，即天下如一气呼吸。何谓合并为公，人人真心为君民也。为君民心真，则千万人无不一。故曰如一气呼吸。"（周亮工《尺牍新钞》）他完全是一个理想主义者。可惜在顾宪成去世后，高攀龙在思想上有所消沉，最后却研习禅学；与其早年果敢风格截然不同。

五 东林书院的千古名联
对后世的影响

东林书院

东林书院旧址

东林书院的千古名联对后世的影响

（一）千古名联的提起

东林书院再次兴盛是在明朝后期。它兴盛的时间并不长，从明万历三十二年（1604年）修复，到天启五年（1625年）由于政治上的干预而被魏忠贤下令拆毁。

直到万历三十二年（1604年），被革职的顾宪成及其弟顾允成与高攀龙等人捐资在原址修复，并相继主持其间，聚众讲学，指陈时弊，锐意图新，自称"东林人"，成为当时江南传播理学、讲学论典的重要场所。顾宪成所撰"风声雨声读书声声声入耳，家事国事天下事事事关心"这副对联，

东林名联

东林书院

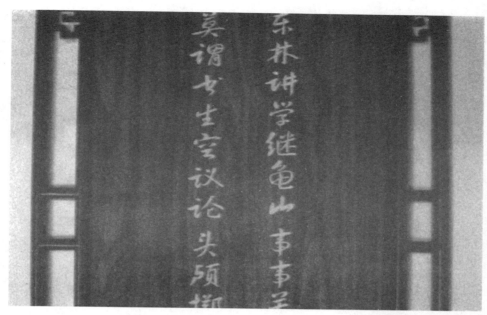

依庸堂挂顾宪成撰对联

更是被广为传诵。因其触怒权贵，东林书院
被严旨拆毁，东林讲学等人亦被斥为"东林
党"而蒙遭迫害。

　　追索东林书院名联的由来和变迁，有其
不寻常的经过。据传，顾宪成幼时在张泾桥
读书非常刻苦，且善于作诗应对。一次，在
外任知州的陈云浦风雨夜泊张泾桥，慕名找
到正在读书的少年郎顾宪成，当场出了上联
"风声雨声读书声声声入耳"，顾宪成随即
对出了"家事国事天下事事事关心"的下联，
一时传为美谈。这副对联初见于无锡惠山"顾
端文公祠"。

　　东林书院的依庸堂便是东林学人聚会的

东林书院的千古名联对后世的影响

东林书院内景

地方，堂内正中就悬挂着那副心怀远大抱负的名联："风声雨声读书声声声入耳、家事国事天下事事事关心"。说起此联的来龙去脉知情者恐怕不多。此联为顾宪成十多岁读书时所写，他的老师出上联，顾宪成对下联，珠联璧合成就了一副名联。对联原本挂在顾家祠堂，"文革"前由顾宪成的第十四代孙顾希炯先生移至东林书院内，原联书写者已无从考证。文革中该联被毁，现在的这副白底黑字对联为廖沫沙先生于1982年所写。

这副对联体现了顾宪成主持东林书院的宗旨，反映了在风雨如晦年代，莘莘学子刻苦读书的情景。"声声入耳""事事

名联

状元提名匾额

东林书院的千古名联对后世的影响

关心"与"两耳不闻窗外事，一心只读圣贤书"形成极大的反差，它不仅强调读书人要好好读书，而且要关心国事，以天下事为己任，确立"修身、齐家、治国、平天下"的宏伟大志。联语寄意述怀，立意高远，音调回环铿锵，节奏急促和谐。据1921年版《无锡大观》记载的就是：风声雨声读书声，声声入耳；家事国事天下事，事事在心。1947年，吴敬恒、唐文治、钱基博等修东林书院，顾宪成后裔、东林小学校长顾希炯将此对联复制了一副，置于东林书院，但是已将其中的"事事在心"改为"事事关心"了。1982年，在重修东林书院时，特请廖沫沙重书此联，悬挂在

东林名联

东林书院

丽泽堂

依庸堂上。

（二）千古名联的影响

    对于东林书院，一幅千古名联"风声雨声读书声声声入耳；家事国事天下事事事关心"，就是它几百年来的流传最深远的"广告词"，对联的作者顾宪成也因此被世人熟知。尽管人们更多地知道"东林党"这个词汇，比"东林书院"要多，是因为东林党人的事迹是明朝后期一个重大的政治事件，东林党人因东林书院而得名。

    经历数百年风雨后的东林书院无论景致

东林书院的千古名联对后世的影响

有何变化，后人在仰慕那一片寂静的房舍庭院时，总是怀着一腔崇敬的心来解读它们的寂寥，来聆听它们唱吟数百年的音符和心灵。那种来自历史深处的风声雨声读书声，渐渐进入灵魂的深处；那种忧国忧民的家事国事天下事，打动了千百万的中国学子。

东林书院虽一席片壤，但它在我国政治、思想、文化及教育史上均占有一定地位。东林书院从明末经清代近二百七十余年间，会众讲学之风列代承继，延续不断，

东林书院牌匾

东林书院

东林书院大门雕刻

东林书院一景

东林书院的千古名联对后世的影响

东林书院一景

燕居庙一角

是书院教育发展史上的一大壮举。东林学者为官清廉，讲学风、讲正气、躬行实践，锐意图新及热忱的爱国思想是我国古代优良文化遗产的一个组成部分，其倡导的学以济世，视天下为己任的东林精神延绵流传了四百余年而不衰。

东林书院